ANALIZA KSIĄŻKI

AF126373

Wichrowe Wzgórza

• • • • • • • • • • • • • •

EMILY BRONTË

ANALIZA KSIĄŻKI

Napisany przez Natalia Torres Behar
Przetłumaczony przez Kâmil Kowalski

Wichrowe Wzgórza

· ·

EMILY BRONTË

MUST READ

EMILY BRONTË

ANGIELSKA POWIEŚCIOPISARKA I POETKA

- **Urodziła się w Yorkshire w 1818 roku.**

- **Zmarła w Yorkshire w 1848 roku.**

- **Godne uwagi prace:**

  - *Wichrowe Wzgórza* (1847), powieść

  - *Poems by Currer, Ellis and Acton Bell* (1846), antologia poezji (wydana wspólnie z jej siostrami Anne i Charlotte pod męskimi pseudonimami)

Emily Brontë jest jedną z najbardziej znanych angielskich pisarek XIX wieku, ale o jej życiu osobistym wiadomo bardzo niewiele. Wszystkie zachowane relacje o jej życiu są owiane pewną tajemnicą i zawierają wiele luk, ponieważ prowadziła nieco samotne życie, co wynikało z jej wrodzonej nieśmiałości i skłonności do odosobnienia. Jej matka i dwie starsze siostry zmarły, gdy była bardzo młoda, a ponieważ przyczyną śmierci sióstr była gruźlica, na którą zapadły w szkole, Emily i jej pozostałe rodzeństwo zostali odsunięci od szkoły i przez resztę młodości uczyli się w domu.

Dom Brontë był odizolowanym, samotnym domem, a rodzeństwo nie miało prawie żadnego kontaktu z nikim poza ojcem i ciotką. Oznaczało to, że musieli nauczyć się dostarczać sobie rozrywki, a większość czasu spędzali na wymyślaniu i pisaniu opowieści o wymyślonych królestwach. Wiele z tych rękopisów zachowało się do dziś i uważa się je za prekursorów stylu literackiego, który charakteryzował późniejsze dzieła trzech sióstr, ponieważ Anne i Charlotte Brontë również stały się sławnymi pisarkami, a powieść *Jane Eyre* (1847) tej ostatniej odniosła szczególny sukces.

Emily zmarła na gruźlicę w wieku 30 lat. Dziś niewiele o niej wiadomo poza tym, co napisała o niej jej starsza siostra Charlotte.

 ## WIEDZIAŁEŚ?

Emily i jej siostry początkowo musiały publikować swoje dzieła pod męskimi pseudonimami, ponieważ w tamtych czasach pisanie nie było postrzegane jako typowy lub odpowiedni zawód dla kobiety. *Wichrowe Wzgórza* zostały więc początkowo opublikowane pod nazwiskiem Ellis Bell.

WICHROWE WZGÓRZA

ZAPISANA W GWIAZDACH MIŁOŚĆ NA BEZKRESNYCH WRZOSOWISKACH

- **Gatunek:** powieść realistyczna/powieść romantyczna

- **Wydanie referencyjne:** Brontë, E. (1992) *Wuthering Heights*. Ware: Wordsworth.

- Pierwsze **wydanie:** 1847

- **Tematyka:** symbolizm, burzliwe związki, dwoistość

Wichrowe Wzgórza opowiada o dwóch osobach, których miłość do siebie jest skazana na zakończenie tragedii z powodu okoliczności, na które nie mają wpływu. Historia zaczyna się, gdy młody człowiek Lockwood, który wynajął dom zwany Thrushcross Grange, idzie odwiedzić swojego właściciela Heathcliffa, który mieszka w pobliżu w miejscu zwanym Wichrowymi Wzgórzami. Niezwykle strzeżone zachowanie Heathcliffa budzi ciekawość Lockwooda, który staje się zafascynowany tym dzikim, nieokrzesanym, tajemniczym człowiekiem. Pyta więc swoją gospodynię, Ellen Dean, co wie o Heathcliffie; jest to temat, który dobrze zna, a ona zaczyna opowiadać wszystko, co wie o związkach Heathcliffa z Earnshawami i Lintonami, dwoma rodzinami, które były właścicielami Thrushcross Grange i Wichrowych Wzgórz.

STRESZCZENIE

ZNALAZCA

Pewnego dnia pan Earnshaw, właściciel Wichrowych Wzgórz, przyprowadza do domu młodego, ciemnoskórego chłopca o imieniu Heathcliff. Pan Earnshaw adoptował go i zamierza wychowywać obok dwójki swoich pozostałych dzieci, Hindleya i Katarzyny. Początkowo to blondwłose, bladoskóre rodzeństwo nie traktuje życzliwie intruza w swoim gronie, ale Katarzyna w końcu łagodnieje wobec niego.

Nawet gdy Heathcliff i Catherine zostają przyjaciółmi, Hindley – starszy z nich – nigdy nie akceptuje swojego adoptowanego brata i nieustannie wyśmiewa jego wygląd, pochodzenie i półdzikie zachowanie. Heathcliff znosi znęcanie się Hindleya najlepiej jak potrafi i szuka ukojenia w rozkwitającej przyjaźni z Katarzyną. Spędzają razem większość dzieciństwa i tworzą niezwykle silną więź, która pogłębia się, gdy Hindley wyjeżdża na uniwersytet, pozostawiając dwójce młodszych dzieci swobodę spędzania czasu razem, bez troski o świat.

Spokój ten zostaje jednak zburzony, gdy umiera pan Earnshaw, a do Wichrowych Wzgórz powraca Hindley, który ukończył już studia. Ożenił się z kobietą o imieniu Frances i jedyne, czego pragnie, to upomnieć się o swoje miejsce jako prawowity pan i władca rodowego domu.

Hindley pozwala Heathcliffowi pozostać w Wichrowych Wzgórzach tylko jako służącemu, a z biegiem lat nadal go maltretuje. Co więcej, zachowanie Hindleya w stosunku do Katarzyny jest wręcz despotyczne, co dla młodej kobiety jest nie do zniesienia; w rezultacie coraz bardziej przyciąga ją do Heathcliffa, w którym widzi sojusznika.

ZMIANY

Pewnej nocy Katarzyna i Heathcliff postanawiają udać się do Thrushcross Grange, aby szpiegować Edgara i Isabellę Lintonów, dwoje rozpieszczonych, bogatych dzieci, które tam mieszkają. Kiedy próbują odejść, Katarzyna zostaje ugryziona przez psa i jest zmuszona zostać z Lintonami w Thrushcross Grange, aby odzyskać zdrowie, podczas gdy Heathcliff zostaje odesłany do Wichrowych Wzgórz.

Podczas gdy Heathcliff jest lewo uczucie żałobę bez Katarzyny u jego boku, Lintons rosnąc sympatię do niej, zwłaszcza Edgar, który uważa, że jest ona niech jej potencjał zmarnować. Dlatego postanawia przekształcić ją z dzikiej, impulsywnej dziewczyny w skromną, elegancką młodą damę. Heathcliff ledwo ją rozpoznaje, gdy wraca do Wichrowych Wzgórz, a ta nowa Katarzyna czuje się dla niego jak obca.

Tymczasem Frances ma syna o imieniu Hareton, ale umiera przy porodzie. Hindley nigdy nie więzi z synem, którego postrzega jako słabeusza, i schodzi do alkoholizmu. On również staje się jeszcze bardziej agresywny wobec Heathcliff jako ujście dla wszystkich jego gniewu i frustracji teraz, że jego żona nie jest już w pobliżu, aby temperować jego gwałtowne wybuchy. Staje się tak zmienny, że jego nadużywanie i alkoholizm zaczynają wpływać na wszystkich w domu.

Katarzyna zdaje sobie sprawę, że Edgar Linton zakochał się w niej, ale zwierza się gospodyni, że choć nie jest już tak blisko Heathcliffa jak kiedyś, jej serce należy do niego. Jednak przyznaje również, że nie mogłaby ułożyć sobie z nim życia bez obniżenia swojej pozycji, co jest jedyną częścią rozmowy, którą Heathcliff podsłuchuje. Jest on głęboko zraniony i postanawia opuścić Wichrowe Wzgórza.

PLAN ZEMSTY

Heathcliff nie wraca przez kolejne trzy lata, które spędza na zbijaniu majątku poprzez szemrane interesy. Rozdzielona z prawdziwą miłością Catherine decyduje się wyjść za Edgara Lintona i przenosi się do Thrushcross Grange.

Heathcliff powraca do Wichrowych Wzgórz, wzmocniony nowo zdobytym bogactwem, ale trawiony urazą i napędzany determinacją do osiągnięcia jednego szczególnego celu: całkowitego zniszczenia Hindleya, którego alkoholizm pozostawił go w całkowicie nędznym stanie. Planuje podstępem zmusić Hindleya do zaciągnięcia długów w grach hazardowych, tak aby nie miał innego wyjścia, jak tylko obciążyć hipoteką majątek, który odziedziczył po ojcu, co oznacza, że Heathcliff będzie mógł go kupić po znacznie niższej cenie i odebrać wszystko swojemu największemu wrogowi. Nie wystarcza mu jednak samo zrujnowanie życia najstarszego Earnshawa – chce również zemścić się na Edgarze Lintonie, nabywając Thrushcross Grange.

Po wprowadzeniu planu w życie Heathcliff ujawnia inną stronę swojej osobowości: okrutniejszą, mroczniejszą, która nie ma skrupułów, by zdeptać każdego, kto stanie na drodze do realizacji jego celów. Wkrótce odnosi sukces: Hindley traci Wichrowe Wzgórza, a Heathcliff je kupuje. Składa też częste wizyty Katarzynie w Thrushcross Grange, ale Edgar traktuje go jak pariasa i daje do zrozumienia, że nie jest tam mile widziany. Heathcliff postanawia więc zemścić się na Edgarze uwodząc Isabellę Linton, a w końcu żeni się z nią, mimo że skrycie nią gardzi, bo tylko w ten sposób będzie mógł dostać w swoje ręce posiadłość Lintonów.

Po ślubie Heathcliffa i Isabelli, animozja między nim a Edgarem osiąga temperaturę wrzenia, co pozostawia Catherine tak strapioną, że zapada na chorobę.

Zdrowie Catherine pogarsza się jeszcze bardziej, a gospodyni Ellen organizuje Heathcliffowi ostatnią wizytę w tajemnicy; zaledwie kilka godzin później umiera ona, rodząc córkę. Edgar nadaje dziecku imię Cathy, po matce, i wychowuje je w całkowitej niewiedzy o istnieniu Wichrowych Wzgórz i ich właściciela.

Tymczasem alkoholizm Hindleya doprowadza go do przedwczesnego grobu, a Heathcliff zostaje opiekunem jego syna Haretona i prawnym właścicielem Wichrowych Wzgórz. W ramach zemsty za wszystkie upokorzenia, jakich doznał z rąk Hindleya, Heathcliff odmawia Haretonowi prawa do edukacji i traktuje go jak służącego.

Śmierć Katarzyny sprawiła, że Isabella czuje się nieszczęśliwa i nie jest już w stanie znieść zmiennego temperamentu Heathcliffa i braku uczucia do niej. Wyjeżdża do Londynu, gdzie rodzi chorowitego syna o imieniu Linton.

KWESTIA DZIEDZICZENIA

Edgarowi udaje się utrzymać Cathy w zamknięciu w Thrushcross Grange przez 13 lat, ale młoda dziewczyna jest bardzo ciekawa okolicy i ma silne pragnienie zbadania wrzosowisk wokół swojego domu. Pewnego dnia udaje jej się wymknąć i trafia na Wichrowe Wzgórza, gdzie poznaje Haretona; uważa go jednak za nieokrzesanego i niecywilizowanego. Edgar zmusza ją do powrotu do folwarku i ostrzega, by więcej nie opuszczała domu bez jego zgody.

Kiedy Isabella umiera, Edgar przejmuje opiekę nad swoim siostrzeńcem Lintonem i sprowadza go do Thrushcross Grange. Jednak Heathcliff upiera się, że jako jego ojciec powinien mieć opiekę nad chłopcem zamiast niego, mimo że jego syn nigdy go nie poznał.

Pewnego dnia Cathy poznaje Lintona i zaczyna wymieniać z nim listy miłosne. Kiedy Heathcliff dowiaduje się o tej sytuacji, zachęca do rodzącego się między nimi romansu i idzie za plecami Edgara, aby pomóc im lepiej się poznać. Pewnego dnia zaprasza Cathy do Wichrowych Wzgórz i zmusza ją do małżeństwa z Lintonem, aby wzmocnić swoje roszczenia do Thrushcross Grange.

Edgar i Linton obaj umierają wkrótce potem, a Heathcliff zmusza Cathy do przeniesienia się do Wichrowych Wzgórz, aby pracować dla niego. To pozwala mu stać się prawnym właścicielem Thrushcross Grange.

POWRÓT DO TERAŹNIEJSZOŚCI

Po wysłuchaniu całej historii, opowiedzianej mu przez gospodynię Ellen Dean, Lockwood jest zbyt odparty przez wszystko, co wydarzyło się w Thrushcross Grange, by dalej tam mieszkać i postanawia wrócić do miasta.

Jednak Lockwood w końcu wraca do Wichrowych Wzgórz, gdzie jest świadkiem pierwszych oznak przyjaźni rodzącej się między Cathy a Haretonem, synem Hindleya i Frances. Cathy zaczyna uczyć go czytać, a oni stopniowo zakochują się w sobie i decydują się na ślub. Heathcliff jest tak pochłonięty przez swój gniew, smutek i rozpaczliwą tęsknotę za połączeniem z ukochaną Katarzyną, że nawet nie zauważa romansu, który rozpala się między dwojgiem młodych ludzi tuż pod jego nosem i umiera samotnie, mając za towarzystwo jedynie ducha Katarzyny.

 ## INSPIRACJA BLISKO DOMU

Podczas pisania części powieści Emily Brontë spędzała również wiele czasu na opiece nad swoim bratem Branwellem, który cierpiał na alkoholizm i w końcu z tego powodu zmarł. Doprowadziło to wielu krytyków do spekulacji, że niektóre cechy osobowości bohaterów były inspirowane jego niekonsekwentnym zachowaniem.

STUDIUM POSTACI

Nazwa powieści odzwierciedla wiele cech osobowości bohaterów, ponieważ słowa "wichrowe wzgórza" przywołują na myśl bardzo specyficzny typ wyobrażeń: dzikie, surowe tereny, smagane wiatrem wrzosowiska i ponure, deszczowe dni. Ponadto bohaterowie Brontë są sprzeczni i enigmatyczni, często wahają się między dziką impulsywnością a zimną, wyrachowaną logiką.

HEATHCLIFF

Heathcliff ma ciemną karnację, ciemne oczy i czarne, kręcone włosy. Chociaż jego przybrany ojciec kocha go od razu, jego przybrany brat odrzuca go z powodu jego wyglądu fizycznego, a reszta rodziny jest wobec niego podejrzliwa z powodu jego pochodzenia i dlatego, że wygląda inaczej niż oni.

Jego osobowość jest złożona i pełna sprzeczności; choć czasem daje się opanować intensywnym emocjom, potrafi też działać w sposób zimny, wyrachowany i obmyślać misterne, strategiczne plany dla realizacji swoich ambicji. Trudności, które przeżywa, wywierają na niego trwały wpływ, przekształcając go z wrażliwego chłopca w obojętnego, chciwego, wyrachowanego i okrutnego człowieka.

Nigdy nie jest w stanie być z Katarzyną, miłością swojego życia, a jej śmierć pogrąża go jeszcze bardziej w głębi goryczy i rozpaczy. Jego zmęczenie i ból napędzają go do rujnowania życia wszystkich wokół. Catherine doskonale zna jego mroczną stronę i złe zamiary:

> *"Nelly, pomóż mi przekonać ją o jej szaleństwie. Powiedz jej, czym jest Heathcliff: nieuznawanym stworzeniem, bez wyrafinowania, bez uprawy: jałowym pustkowiem z pyłem i żwirem. Równie szybko wystawiłbym tego małego kanarka do parku w zimowy dzień, jak poleciłbym ci obdarzyć nim swoje serce! To żałosna nieznajomość jego charakteru, dziecko, i nic innego, sprawia, że to marzenie pojawiło się w twojej głowie. Proszę, nie wyobrażaj sobie, że on pod surowym wyglądem skrywa głębię życzliwości i uczucia!" (p. 74)*

CATHERINE EARNSHAW

Catherine jest blondynką o jasnej cerze, która wyrasta na piękną kobietę. Jest nieco arogancka i początkowo nie ufa młodemu chłopcu, którego ojciec przyprowadza do domu, ale później zaczyna uważać go za swojego najbliższego przyjaciela i powiernika.

Jest też raczej rozpieszczona, kapryśna i płytka, bardzo przejmuje się tym, co myślą o niej inni ludzie. Zawsze wydaje się być pełna energii, przynajmniej dopóki nie zachoruje, a z trudnych sytuacji potrafi wyjść z wdziękiem i opanowaniem.

Heathcliff jest miłością jej życia, ale wychodzi za Edgara Lintona z powodu swojej dumy, złośliwości i strachu przed utratą statusu społecznego.

EDGAR LINTON

Edgar jest dziedzicem Thrushcross Grange. Jest dobrze wykształconym, arystokratycznym młodym człowiekiem, który jest głęboko zakochany w Catherine. Ma z nią córkę i traktuje ją bardzo czule, ale nie lubi Heathcliffa, w niemałej części dlatego, że uważa, iż jego związek z żoną jest niewłaściwy.

Kocha swoją córkę i chce dla niej jak najlepiej, ale to prowadzi go do tego, że staje się bardzo nadopiekuńczy. Stawia zarówno innym, jak i sobie niezwykle wysokie wymagania.

HINDLEY EARNSHAW

Hindley jest starszym bratem Katarzyny i jest nieczułym, okrutnym człowiekiem. Nienawidzi Heathcliffa, ponieważ jest zazdrosny o uczucie okazywane mu przez ojca i traktuje go bardzo źle. To pokazuje, że jest tyranem, któremu całkowicie brakuje współczucia i który lubi poniżać ludzi, którzy są słabsi od niego.

Po śmierci żony, staje się jeszcze bardziej zły i roztrwania wszystkie swoje pieniądze na alkohol i hazard. Swoim egoizmem i nadużyciami odpędza wszystkich innych bohaterów i umiera w samotności.

ISABELLA LINTON

Isabella jest siostrą Edgara i później wychodzi za Heathcliffa. Jest powściągliwą, dobrze wychowaną kobietą i uległą żoną, która nie jest w stanie przeciwstawić się agresji męża i ostatecznie ucieka od niego, gdy jest w ciąży z ich synem. Podobnie jak Katarzyna, jest dość samowolna i kapryśna, co prowadzi ją do poślubienia największego wroga jej brata, mimo że ten ostrzega ją przed tym związkiem.

ELLEN "NELLY" DEAN

Kiedy Lockwood przybywa do Thrushcross Grange, Ellen jest osobą, która opowiada mu całą historię o jego nowym lokum. Jest to troskliwa, czuła kobieta, która dorastała z Catherine, Heathcliffem i Hindleyem, a później zostaje gospodynią Thrushcross Grange. Wykazuje również dużą wrażliwość i jest bardzo wyrozumiała.

LOCKWOOD

Lockwood jest nowym lokatorem Thrushcross Grange. Jest spostrzegawczym młodym człowiekiem o ciekawym umyśle, który określa siebie jako introwertyka i początkowo wierzy, że znalazł rodzaj bratniej duszy w powściągliwej, nieprzyjaznej naturze Heathcliffa. Jednak po wysłuchaniu pełnej historii właściciela jest zdegustowany.

HARETON EARNSHAW

Hareton jest synem Hindleya. Jest wychowywany przez Heathcliffa, który odmawia chłopcu edukacji w ramach zemsty za złe traktowanie, jakiego doznał z rąk ojca, a czas spędzony w areszcie Heathcliffa przekształca go w szorstkiego, złego człowieka.

LINTON HEATHCLIFF

Syn Heathcliffa to chorowite dziecko, którym bardzo łatwo jest manipulować. Jest posłuszny i nie wie nic o swojej rodzinie, co jego ojciec wykorzystuje na swoją korzyść, aby dokonać zemsty na Edgarze. Linton poślubia Cathy, ale ich małżeństwo zostaje przerwane, gdy wkrótce potem umiera.

CATHY LINTON

Cathy jest impulsywną, raczej zbuntowaną młodą kobietą, która zostaje wciągnięta w plan Heathcliffa dotyczący przejęcia Thrushcross Hall. W ramach tego planu zostaje zmuszona do poślubienia syna Heathcliffa, Lintona. Podobnie jak jej matka Katarzyna, ma silną wolę, jest odważna i nieustępliwa, co prowadzi ją do spędzenia czasu pracując dla Heathcliffa jako służąca po śmierci męża. W tym czasie poznaje Haretona Earnshawa, a ich ostateczne małżeństwo oznacza, że stają się współdziedzicami zarówno Wichrowych Wzgórz, jak i Thrushcross Grange.

ANALIZA

FORMULARZ

Gatunek

Powieść romantyczna?

Wichrowe Wzgórza spotkały się z mieszanym przyjęciem krytyki, gdy zostały wydane po raz pierwszy, między innymi ze względu na swoją nietypową formę, która oparła się prostej klasyfikacji według ówczesnych konwencji gatunkowych. Nawet dziś wskazanie jednego gatunku, który w sposób wyczerpujący zdefiniowałby powieść, nie jest sprawą łatwą.

Romantyzm to gatunek literacki, który powstał w Niemczech i Anglii na początku XIX wieku. Cechy charakterystyczne tego gatunku to przewaga emocji nad rozumem i gloryfikacja indywidualizmu; wiele utworów romantycznych koncentruje się więc na bohaterze, który ma tendencję do przeżywania silnych emocji.

Chociaż *Wichrowe Wzgórza* zawierają również elementy, które nie są powszechnie kojarzone z literaturą romantyczną, burzliwe emocje bohaterów oraz sposób, w jaki ich nastroje i osobowości są odzwierciedlane przez dzikie otoczenie i burzliwą pogodę, są z pewnością charakterystyczne dla romantyzmu. W rzeczywistości wydaje się, że na każdy element powieści wpływają bohaterowie i ich stan ducha: na przykład burze wybuchają za każdym razem, gdy dzieje się coś wyjątkowo szokującego lub gdy coś idzie nie tak, a domy zdają się popadać w ruinę wraz z upadkiem Heathcliffa.

Inną cechą fikcji romantycznej jest fascynacja innością. W tej powieści idea ta jest eksplorowana poprzez postać Heathcliffa, który jest w ciągłym konflikcie z resztą rodziny, ponieważ pochodzi z innego środowiska społecznego i etnicznego. W rzeczywistości jest on często opisywany jako "półdziki", a zatem zasadniczo różny od reszty Earnshawów. W rzeczywistości można nawet powiedzieć, że z perspektywy Hindleya jego obawy okazują się ostatecznie uzasadnione, ponieważ Heathcliff w końcu staje się agresywny i niszczy rodzinę od wewnątrz (choć warto również zauważyć, że to złe traktowanie przez Hindleya napędza go do tego).

Powieść zawiera również element nadprzyrodzony, ponieważ Heathcliff i wiele innych postaci widzi ducha Katarzyny po jej śmierci. Jednak jest to pozostawione niejednoznaczne, a czytelnik może wybrać interpretację jej pojawienia się jako prawdziwego nawiedzenia lub po prostu jako produkt wyobraźni innych bohaterów z powodu ich obsesyjnie powracających myśli o niej.

Powieść realistyczna?

Wichrowe Wzgórza mogą być również opisane jako powieść realistyczna, ponieważ przedstawia realistyczny obraz życia na wsi w XIX-wiecznej Anglii. Realizm to ruch literacki, który pojawił się w drugiej połowie XIX wieku i jest często postrzegany jako odrzucenie i alternatywa dla estetyki romantycznej, która dominowała w sztuce i literaturze w pierwszej połowie wieku.

Dokładne opisy scenerii, postaci, zachowań i wydarzeń, które powieść przedstawia, pozwalają współczesnym czytelnikom lepiej zrozumieć, jak wyglądała tamta epoka. Na przykład wyraźnie widać, że pochodzenie społeczne i etniczne Heathcliffa – Lockwood opisuje go jako "ciemnoskórego Cygana w aspekcie" (s. 3) – było uważane za nie na miejscu w dobrze sytuowanej rodzinie w tamtych czasach. Pokazano nam również, że o wiele trudniej było zakończyć małżeństwo, ponieważ Isabella jest zmuszona znosić znęcanie się i surowość Heathcliffa przez znaczny okres czasu, ponieważ rozwód nie wchodził w grę. Pozostają prawnie małżeństwem nawet po jej odejściu od niego, co Heathcliff wykorzystuje na swoją korzyść, aby przejąć jej spadek.

Struktura

W strukturze powieści zastosowano frame story, czyli zabieg narracyjny polegający na tym, że główna historia jest "zagnieżdżona" w innej, szerszej narracji.

W tym przypadku ramowa historia polega na tym, że pan Lockwood prosi swoją gosposię, aby opowiedziała mu o jego właścicielu Heathcliffie. Następnie powieść przeskakuje w czasie i opowiada historię Heathcliffa od początku, porzucając chwilowo wątek narracyjny, który skupiał się na Lockwoodzie. Ta zagnieżdżona narracja podąża za Heathcliffem przez jego dzieciństwo i dorastanie w Wichrowych Wzgórzach, a także bada jego burzliwe relacje z Katarzyną i jej bratem Hindleyem. W miarę postępu opowieści wydarzenia, które opisuje, stają się bardziej aktualne; punkt ciężkości przesuwa się na drugie pokolenia rodzin, które są właścicielami obu posiadłości, aż w końcu narracja dogania teraźniejszość i powraca do historii Lockwooda.

Jednak w całej książce jest też wiele przerw, kiedy narracja nagle przeskakuje do teraźniejszości, podczas gdy gospodyni opowiada Lockwoodowi tę historię. Często dzieje się tak dlatego, że Lockwood jest tak przytłoczony lub zszokowany opowieścią, że prosi o przerwę w słuchaniu, podczas której rozmyśla nad wszystkim, co odkrył. Lockwood działa również jako świadek katastrofalnych skutków niezaspokojonego pragnienia zemsty swojego właściciela i pozwala czytelnikowi zobaczyć, jak Heathcliff został zredukowany do nędznej, nieszczęśliwej duszy, która straciła wszystko, na czym najbardziej mu zależało.

Wreszcie powieść wybiega również w przyszłość: jak już wspomnieliśmy w podsumowaniu, Lockwood decyduje się na powrót do Londynu po tym, jak dowiaduje się, jaki naprawdę jest jego gospodarz i co zrobił. W tym momencie powieść skupia się na drugim pokoleniu bohaterów, których historia przecina się z historią Lockwooda: powraca on do Thrushcross Grange i odkrywa, że przeszłość wreszcie przestaje trzymać oba domy w garści, ponieważ wszystkie urazy, ból i pragnienie zemsty, które wisiały nad nimi jak całun, zostają rozwiane wraz ze śmiercią Heathcliffa. W zamian za to rozkwita nowa miłość, a kolejne pokolenie wyrywa się z błędnego koła stworzonego przez błędy swoich ojców i wspólnie buduje bardziej pełną nadziei przyszłość.

Ta nieliniowa linia czasu pozwala również na ukrycie ważnych informacji na widoku – w pierwszych rozdziałach powieści, kiedy Lockwood odwiedza Heathcliffa, w tle sceny pojawia się wiele postaci, które łatwo przeoczyć i które na pierwszy rzut oka wydają się nieistotne. Jednak do czasu, gdy powieść definitywnie powraca do perspektywy Lockwooda, gdy historia zbliża się do końca, odkrywamy wiele o tych zwodniczo ważnych postaciach i odgrywają one kluczową rolę w zakończeniu powieści.

TEMATYKA

Symbolizm

Wichrowe Wzgórza pełne są przedmiotów i zjawisk, które mają wiele znaczeń. Na przykład Lockwood ma koszmary, kiedy śpi w łóżku, w którym zmarła Katarzyna, a później okazuje się, że to łóżko jest nie tylko miejscem, w którym oddychała po raz ostatni, ale także miejscem, w którym szukała schronienia przed tyranią brata. Heathcliff ostatecznie umiera w tym samym łóżku po kilku dniach delirium, co można interpretować jako metaforę sposobu, w jaki ich miłość była nieskonsumowana za życia, ale jest wystarczająco silna, aby połączyć ich w śmierci.

Temat choroby jest czymś więcej niż tylko narzędziem narracyjnym i odgrywa niezwykle ważną rolę w powieści: jest wykorzystywany do pogłębienia naszego zrozumienia wielu scen i postaci, a także prowadzi do wielu ważnych odkryć. Na przykład, jeśli zbadamy sposób, w jaki zdrowie Katarzyny pogarsza się podczas jej małżeństwa z Edgarem, staje się jasne, że ten upadek odzwierciedla jej rozpadający się związek z Heathcliffem, który uczynił ze swojego życia misję zniszczenia życia jej i Edgara. Kiedy zachodzi w ciążę z dzieckiem Edgara, rozdźwięk między nią a Heathcliffem jeszcze bardziej się pogłębia i nigdy nie są oni bardziej oddaleni od siebie niż wtedy, gdy ona zaczyna rodzić; w konsekwencji umiera podczas porodu. Jej córka Cathy może być postrzegana jako symbol ducha samej Katarzyny, wyrzuconego z jej ciała przez rozpacz po uświadomieniu sobie, że nigdy nie będzie zjednoczona ze swoją prawdziwą miłością.

Wreszcie, same domy są przesiąknięte symboliką i często przedstawiane jako przeciwieństwa. Podczas gdy Thrushcross Grange jest zawsze opisywany jako spokojny, domowy i przyjazny, Wichrowe Wzgórza jest opisywany jako miejsce trudno dostępne, niegościnne i popadające w ruinę. Obie posiadłości są odbiciem ich właścicieli, a kiedy Heathcliff ostatecznie rości sobie prawo do Thrushcross Grange, jego dawna świetność wydaje się maleć. W końcu obie posiadłości odzwierciedlają upadek samego Heathcliffa i jego lekceważenie zarówno własnego życia, jak i życia innych.

Burzliwe związki

Powieść przedstawia wiele burzliwych relacji, w tym burzliwe relacje Heathcliffa z jego przybranym bratem Hindleyem i relacje Hindleya z ojcem. Problemy Hindleya z Heathcliffem wynikają z faktu, że Hindley nie rozumie, dlaczego jego ojciec chce wprowadzić do ich domu kolejnego chłopca i postrzega Heathcliffa jako rywala o uczucia ojca.

Oczywiście, najbardziej burzliwym związkiem przedstawionym w powieści jest gwiezdna miłość między Katarzyną i Heathcliffem, którzy w równym stopniu kochają i ranią się nawzajem, a także pozwalają, by ich duma i upór doprowadziły ich do rozstania. Szczególna więź, która ich łączy, daje im również głębokie zrozumienie słabych punktów drugiej osoby:

"Moja miłość do Lintona jest jak liście w lesie: czas je zmieni, jestem tego świadoma, jak zima zmienia drzewa. Moja miłość do Heathcliffa przypomina wieczne skały pod spodem: źródło mało widocznej rozkoszy, ale konieczne. Nelly, ja jestem Heathcliffem! On jest zawsze, zawsze w moim umyśle: nie jako przyjemność, tak jak ja jestem zawsze przyjemnością dla siebie, ale jako moja własna istota." (p. 59)

Powieść zawiera zatem wiele zwrotów akcji: w pewnych momentach jesteśmy przekonani, że historia miłosna Heathcliffa i Catherine będzie miała szczęśliwe zakończenie, że zadeklarują oni swoją miłość do siebie i zbudują wspólne życie, podczas gdy w innych momentach zaczynamy wątpić w prawdziwość ich uczuć i zastanawiać się, czy nie byłoby lepiej, gdyby oboje się rozeszli. To ciągłe przechodzenie między eksploracją głębokiego, czułego romansu a dramatem graniczącym z tragedią oznacza, że powieść niekoniecznie można nazwać historią miłosną.

Wiele z największych katastrof, które mają miejsce w powieści, takich jak rozpad małżeństwa Heathcliffa i Isabelli, jest spowodowanych walkami między Heathcliffem i Catherine. Związek Isabelli i Heathcliffa jest kolejnym przykładem burzliwej miłości, ponieważ fantazje Isabelli prowadzą ją do poślubienia Heathcliffa, pomimo sprzeciwu jej brata. W rzeczywistości, ich małżeństwo jest wręcz niezdrowe, ponieważ Isabella znosi nadużycia Heathcliffa i obojętność wobec niej przez długi czas.

Edgar i Catherine kochają się na swój sposób, choć Heathcliff zawsze rzuca długi cień na ich związek. Ich związek wydaje się o wiele bardziej stabilny niż większość innych w powieści, ponieważ są przeciwieństwami, które się uzupełniają. Jednak pozory mylą, a w głębi duszy Katarzyna nigdy nie zapomniała o swojej pierwszej miłości; jej niepokój z powodu ciągłych walk i kłótni między Heathcliffem a jej mężem powoduje nawet jej śmierć.

Cathy i Linton znajdują się w pułapce zaaranżowanego małżeństwa, wymyślonego przez Heathcliffa jako sposób na zdobycie Thrushcross Grange. Ich małżeństwo utrudnia życie obojgu, choć Cathy wkrótce zostaje wdową, gdy jej młody, chorowity mąż w końcu poddaje się jednej ze swoich chorób.

Jedynym wątkiem miłosnym w powieści, który nie kończy się tragedią, jest ten wprowadzony jako ostatni, czyli romans Cathy i Haretona. Ich stabilny, zdrowy związek ma szczęśliwe zakończenie i w końcu przynosi spokój obu domom.

Dwoistość

Powieść jest pełna przeciwstawnych elementów, które się przyciągają i odpychają. Bohaterowie mają silne, uparte, namiętne osobowości, z równą intensywnością kochają i nienawidzą.

Heathcliff i Hindley są początkowo przedstawieni jako całkowite przeciwieństwa. Jednak w miarę postępów w powieści widzimy, że Heathcliff spotyka ten sam koniec co Hindley, stając się alkoholowym tyranem, a degeneracja obu mężczyzn w szorstkie, samotne jednostki, które źle traktują wszystkich wokół nich, jest wywołana bólem po stracie kobiety, którą kochają.

Hareton odzwierciedla również wiele cech Heathcliffa: obaj są młodymi mężczyznami bez rodziny, których pochodzenie sprawia, że w Wichrowych Wzgórzach traktowani są jak wyrzutki. Ponadto żaden z nich nie otrzymał w młodości wykształcenia, mają bardzo złe maniery, ale mimo nieokrzesania są szlachetni w sercu.

Tymczasem Isabella i Catherine również przedstawione są jako przeciwieństwa: Isabella jest uległą żoną, która nie potrafi postawić się Heathcliffowi i rzucić mu wyzwania, natomiast interakcje Catherine z Heathcliffem są nieprzewidywalne, gdyż nie boi się go i traktuje jak równego sobie, a nawet zachowuje się wobec niego arogancko. Cathy, podobnie jak jej matka, jest impulsywna, uparta i źle wychowana, więc kiedy w końcu wychodzi za Haretona, ich związek wydaje się niemal lustrzanym odbiciem pierwszego romansu, który rozkwitł między dwojgiem ludzi z tych przeciwnych światów.

DALSZA REFLEKSJA

KILKA PYTAŃ DO PRZEMYŚLENIA...

- Jakie aspekty *Wichrowych Wzgórz* można uznać za symboliczne?

- Jak powieść odzwierciedla XIX-wieczne społeczeństwo angielskie?

- Dwoje bohaterów powieści nigdy nie będzie mogło być razem. Dlaczego jest to ważne i dlaczego ten wynik jest widoczny dla czytelnika przed końcem powieści? Uzasadnij swoją odpowiedź.

- Dlaczego znaczące jest to, że *Wichrowe Wzgórza* zostały napisane przez kobietę?

- Jak myślisz, dlaczego autor użył paraleli i kontrastów między postaciami, aby stworzyć poczucie dwoistości w różnych punktach powieści? Wyjaśnij swoją odpowiedź.

- Jaką rolę odgrywa służba w *"Wichrowych Wzgórzach"*? W swojej odpowiedzi zwróć szczególną uwagę na fakt, że narratorem głównej opowieści jest gospodyni.

DALSZE CZYTANIE

WYDANIE REFERENCYJNE

Brontë, E. (1992) *Wuthering Heights*. Ware: Wordsworth.

BADANIA REFERENCYJNE

Bump, J. (1997) La teoría de los sistemas familiares, la adicción y *Cumbres borrascosas*. *Style*. 31(2), pp. 328-350.

Levin, N. (2012) "Jestem Heathcliff!" Paradoksalna miłość w "*Wichrowych Wzgórzach*" Bronte. *University of Stockholm*. [Online]. [Dostęp 6 kwietnia 2018]. Dostępny w: <http://www.diva-portal.org/smash/get/diva2:538526/fulltext01.pdf>.

ZALECANA LEKTURA

Oates, J. C. (1982) The magnanimity of *Wuthering Heights*. *Critical Inquiry*. Vol. 9(2), pp. 435-449.

ADAPTACJE

Wichrowe Wzgórza. (1939) [Film]. William Wyler. Dir. USA: Samuel Goldwyn Productions.

Wichrowe Wzgórza [Wuthering Heights] (2009) [serial TV]. Coky Giedroyc. Dyr. UK: ITV.

Wichrowe Wzgórza [Wuthering Heights] (2011) [Film]. Andrea Arnold. reż. Wielka Brytania: HanWay Film.

Chcemy usłyszeć od Ciebie, co się dzieje!
Zostaw komentarz na temat swojej internetowej biblioteki
i podziel się swoimi ulubionymi książkami w mediach społecznościowych!

www.50minutes.com

Master ISBN: 9782808694902
Papierowy ISBN: 9782808616300
Depozyt prawny: D/2023/12603/1910

Verhaal: © Primento

Projekt cyfrowy: Primento, cyfrowy partner wydawców.